BEI GRIN MACHT SICH IHR WISSEN BEZAHLT

- Wir veröffentlichen Ihre Hausarbeit,
  Bachelor- und Masterarbeit

- Ihr eigenes eBook und Buch -
  weltweit in allen wichtigen Shops

- Verdienen Sie an jedem Verkauf

Jetzt bei www.GRIN.com hochladen und kostenlos publizieren

Bibliografische Information der Deutschen Nationalbibliothek:

Die Deutsche Bibliothek verzeichnet diese Publikation in der Deutschen National-
bibliografie; detaillierte bibliografische Daten sind im Internet über http://dnb.d-
nb.de/ abrufbar.

Impressum:

Copyright © 2013 GRIN Verlag, Open Publishing GmbH
Druck und Bindung: Books on Demand GmbH, Norderstedt Germany
ISBN: 9783668220362

Dieses Buch bei GRIN:

http://www.grin.com/de/e-book/322907/ausgleich-von-benachteiligung-durch-
selbstgesteuertes-lernen-in-einer-neuen

Nancy Land

Ausgleich von Benachteiligung durch selbstgesteuertes Lernen in einer neuen Unterrichtskultur

GRIN Verlag

Technische Universität Berlin
Institut für Berufliche Bildung und Arbeitslehre
Seminar: Spezielle Probleme benachteiligter Jugendlicher in Arbeit und Beruf
Sommersemester 2013

Seminararbeit:
Ausgleich von Benachteiligung durch selbstgesteuertes Lernen in einer neuen Unterrichtskultur

Abgabetermin: 23.09.2013

Inhaltsverzeichnis

1. Einleitung

Abgesehen von schweren körperlichen oder geistigen Schäden eines Menschen „habe jeder in der Gesellschaft prinzipiell die gleiche Chance, die Leistungen zu erbringen, und die sozialen Positionen, die einzunehmen er befähigt und gewillt ist, auch tatsächlich vorzuweisen bzw. zu erreichen" (Klafki 1996, S. 221). Mit diesen Worten formulierte Klafki eine damals verbreitete Auffassung und fügte hinzu, dass diese zugesicherte Chancengleichheit keineswegs Teil der Gesellschaft sei. Tatsächlich hätte man mit einer schichtspezifischen Ungleichheit der Bildungs-, Berufs- und Sozialchancen zu kämpfen (vgl. Klafki 1996, S. 224). Diese Benachteiligung scheint einen Widerspruch zu den Menschenrechtsgesetzen zu bilden, welche gleiche Chancen auf Bildung vorschreiben. Diese Rechte sollen „ohne Diskriminierung hinsichtlich der Rasse, der Hautfarbe, des Geschlechts, der Sprache, der Religion, der politischen und sonstigen Anschauung, der nationalen und sozialen Herkunft [...] ausgeübt werden" (Deutsches Institut für Menschenrechte 2005, S. 247). Eine Bildungsgerechtigkeit sei in Deutschland jedoch nicht gewährleistet (vgl. Pfeiffer 1999, S. 36). Ein weiterer Aspekt ist, „dass es gut drei Viertel der Kinder und Jugendlichen nicht in den Sinn kommt, dass Lernen zu den positiven Erfahrungsmöglichkeiten in der Schule gehören könnte" (Zinnecker u.a. 2003, 43). Dies zeigt, dass das Lernen in der Schule einer Reform bedarf. Als einen Bestandteil einer neuen Unterrichtskultur möchte ich deshalb auf das selbstgesteuerte Lernen eingehen. Nach Forneck spielt dieses für die Gesellschaft eine wichtige Rolle.

> „Mit der Aufweichung des standardisierten Beschäftigungssystems und damit der Vorstellung einer beruflichen Kontinuität [...] als auch mit den sich beschleunigt wandelnden beruflichen Anforderungen nimmt der Druck auf die Weiterbildung zu, sich zu dynamisieren. Seit langem wird an das ganze Bildungssystem die Forderung nach Vermittlung extrafunktionaler, d.h. formaler Fähigkeiten und ein Zurückschrauben der 'Wissensvermittlung', also materialer Bildung herangetragen: Lernen des Lernens, Kritikfähigkeit, Kreativität, Teamfähigkeit, lebenslange Lernfähigkeit, selbstorganisiertes Lernen etc. sind einige dieser Forderungen" (Forneck 2002, S. 242).

Welche Möglichkeiten bietet das selbstgesteuerte Lernen für den Ausgleich von Benachteiligung? Um diese Frage zu beantworten, werde ich zunächst genauer auf Benachteiligung und ihre Ursachen eingehen und im nächsten Schritt das selbstgesteuerte Lernen als Teil einer neuen Unterrichtskultur vertiefen. Ziel ist es, die durch selbstgesteuerten Unterricht beeinflussbaren Aspekte von Benachteiligung herauszufiltern, um herauszufinden inwiefern Benachteiligung durch diese ausgeglichen werden kann. Die durch den Unterricht nicht veränderbaren Faktoren sollen die Grenzen für den Einfluss des Unterrichts zeigen.

2. Benachteiligung und benachteiligte Jugendliche

Zum Begriff Benachteiligung führt der Duden unter Berücksichtigung der Bedeutungen „das Benachteiligen" und „das Benachteiligtwerden" (Duden 2013) die Synonyme „Übervorteilung, Zurücksetzung; Diskrimination, Diskriminierung" (Duden 2013) auf. Der Begriff Benachteiligung findet also grundlegend in einem negativen Kontext Verwendung. Der Duden verweist auf zwei Bedeutungsansätze. Da „einer erst den anderen in den Zustand der Benachteiligung versetzt bzw. einer gegenüber dem anderen benachteiligt wird" (Breidebach 2012, S.14), muss berücksichtigt werden, in welcher Relation das Wort steht beziehungsweise in welchem Kontext es verwendet wird (vgl. Breidebach 2012, S.14).

Bei der Benachteiligtenforschung handelt es sich um eine junge und – da der Begriff Benachteiligung vielfältig und beliebig genutzt wird – zugleich unübersichtliche Forschungsrichtung. Die Begriffsgeschichte beginnt laut Bojanowski, Eckardt und Ratschinski Anfang der 1970er Jahre, als das Berufsbildungsgesetz in Kraft trat, der Benachteiligtenbegriff in das Sozialgesetzbuch III aufgenommen und Benachteiligtenförderprogramme ins Leben gerufen wurden (vgl. Bojanowski; Eckardt; Ratschinski 2004, S. 1). Diese Förderprogramme sind an Jugendliche gerichtet, die „erhebliche Defizite in den Lernvoraussetzungen und in der Bildungsbiografie" (Bojanowski; Ratschinski; Straßer 2005, S. 12) vorweisen. Die Benachteiligung dieser zur Risikogruppe zählenden Adressaten werde insbesondere durch einen Migrationsstatus oder durch Sozialisationsdefizite verursacht (vgl. Bojanowski; Ratschinski; Straßer 2005, S. 12). Laut Rützel zählen folgende Eigenschaften zu den Ursachen für Benachteiligung: soziale Herkunft, Schulbildung, Geschlecht, Religion, Generationszugehörigkeit und Nationalität (vgl. Rützel 1995, S. 112 f.).

Die Benachteiligungsproblematik wird hinsichtlich ihrer Ursachen sowohl im öffentlichen Diskurs als auch in der Fachliteratur auf drei Ebenen, die in der Abbildung 1 veranschaulicht werden, betrachtet. Die erste dieser Ebenen ist die individuelle Ebene, welche über eine inter- und eine intraindividuelle Dimension verfügt. Die Individuelle Ebene der Benachteiligung läuft demnach sowohl zwischen mindestens zwei Individuen als auch innerhalb eines Individuums ab. Sie betrifft Alter, Geschlecht, Bildungsbiografie, physische und psychische Lernbeeinträchtigungen sowie „persönliche Einstellungen, individuelle Zielbildung und -realisierung sowie die soziale Wahrnehmung anderer ne-

ben allgemeinen psychologischen Konstituenten im Sinne des Humanpotenziales"
(Breidebach 2012, S. 27), wozu beispielsweise die emotionalen und kognitiven Zustände oder auch die Motivationsfähigkeit und die Kommunikationskompetenz einer Person
gehören.

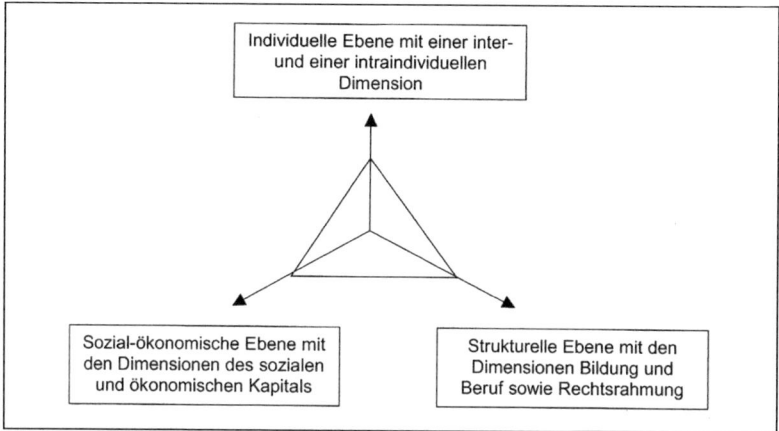

Abbildung 1: Grafische Darstellung einer merkmalsbezogenen und multifaktoriellen Diagnose benach-
teiligender Einzelaspekte innerhalb einer Gesamtreferenzrahmung (vgl. Breidebach 2012, S.29).

Eine weitere Ebene ist die sozial-ökonomische Ebene. Die soziale Dimension befasst
sich mit dem sozialen Status und den dazugehörigen Bereichen Peer-Group und familiäre Zusammensetzung. Auch Faktoren wie das "soziale Unterstützungssystem, geistige
Anregungspotential, Kulturaustauschmöglichkeiten, Wohnlage und Ghettoisierung"
(Breidebach 2012, S. 28) werden berücksichtigt. Zur ökonomischen Dimension zählen
Beruf beziehungsweise berufliche Abschlüsse und Einkommen der Familienmitglieder
sowie die regionale Arbeitsmarktstruktur, Bildungslandschaft und das Angebot an För-
dermaßnahmen. Als dritte Ebene der Benachteiligung wird die strukturelle Ebene her-
angezogen. Diese global-gesellschaftliche Ebene beinhaltet eine bildungs- und arbeits-
marktpolitische Dimension, die unter anderem die Heterogenität und Organisation des
Bildungswesens, die Qualität des pädagogischen Personals, Weiterbildungsmöglichkei-
ten, Lehr- und Lernformen, institutionelle Barrieren sowie das Angebot an Bildungs-
maßnahmen berücksichtigt. Außerdem kann das Ausbildungs- und Arbeitsmarktsystem
unter Berücksichtigung von Konjunktur und Globalisierung eine Rolle spielen. Die
strukturelle Ebene enthält eine weitere Dimension, welche die gesetzlichen Grundlagen

betrifft. Sie „beinhaltet das politische Ordnungssystem und damit vor allem gesetzliche Regularien, beispielsweise die generelle Entfaltungsmöglichkeit" (Breidebach 2012, S. 28), also die Persönlichkeitsrechte, die im Grundgesetz verankert sind (vgl. Breidebach 2012, S. 27 f.). Das beschriebene Modell umfasst also sechs Dimensionen, anhand derer Benachteiligung und ihre Ursachen in einem größeren Zusammenhang betrachtet werden können und anhand derer der Grad der Benachteiligung beziehungsweise ihre individuelle Ausprägung einschätzbar wird. Da die Ebenen und Dimensionen miteinander in Verbindung stehen, können die aufgeführten Ursachen sich auch überlagern und dadurch die Benachteiligung verstärken (vgl. Breidebach 2012, S. 29). Erkennbar ist auch, dass Benachteiligung mehr als eine Kombination aus einem schlechten Schulabschluss und einem Mangel an Ausbildungsplätzen ist. „Benachteiligung manifestiert sich breit in der Persönlichkeit. Benachteiligung zeigt sich also nicht nur in einem schlechten Schulabschluss, sondern schlägt sich in weiteren Bereichen, in denen bestimmte Kompetenzen verlangt werden, nieder." (Rahn 2005, S. 87).

Laut Sigrid Mathern sehen viele benachteiligte Jugendliche auch durch die entmutigenden Zukunftsperspektiven auf dem Ausbildungs- und Arbeitsmarkt keinen Sinn im Schulbesuch und halten sich vom Unterricht fern. Ihre hohen Fehlzeiten führen zu schlechten Zensuren und diese gefährden einen den Anforderungen des Arbeitsmarktes entsprechenden Schulabschluss überhaupt erst oder umso mehr. In einigen Fällen werden die schlechten Chancen auf dem Ausbildungsmarkt durch Angst und Pessimismus selbst erzeugt (vgl. Mathern 2003, 30f).

3. Selbstgesteuertes Lernen in einer neuen Unterrichtskultur

Eine grundlegende Erkenntnis des Konstruktivismus lautet, dass alle Erkenntnis vom Lernenden selbst konstruiert wird und dass Lernen immer ein aktiver Vorgang ist, wodurch Selbststeuerung zu einer Voraussetzung für den Lernprozess wird. Das Lernen wird demnach zum „Prozess und Ergebnis der aktiven Auseinandersetzung des erkennenden und handelnden Subjektes mit seiner äußeren Welt" (Gudjons 2006, S. 16). Laut Kopp, Zabel und Mandl kann Wissen „nur erworben und genutzt werden, wenn es in die bereits vorhandenen Wissensstrukturen eingebaut und auf der Basis individueller Erfahrungen interpretiert werden kann" (Kopp; Zabel; Mandl 2002, S. 9 f.). Hier wird Lernen als eine persönliche Konstruktion von Bedeutungen verstanden, die jedoch nur mit einer bereits vorhandenen Wissensbasis gelingt. Lernen ist also ein situativer Prozess, da das Wissen mit der Situation verknüpft wird, in der es aufgenommen wurde. Indem die vermittelten Inhalte aus verschiedenen Perspektiven betrachtet werden, wird intelligentes, anwendbares Wissen erworben. Dieses intelligente Wissen dient im Gegensatz zum trägen Wissen, welches meist nicht ausreichend mit Erfahrungen vernetzt ist, einem flexiblen Einsatz beim Lösen von Problemen. Damit die komplexen und unstrukturierten Probleme des Alltags bewältigt werden können, sollte die Schule zum einen allgemeine Strategien zur Problemlösung anbieten und zum anderen „bereichsspezifisches Wissen so vermitteln, dass es auf komplexe Situationen angewendet werden kann" (Gudjons 2006, S. 21). Diese multiplen Kontexte müssen also bereits bei der Wissensaufnahme berücksichtigt werden (vgl. Gudjons 2006, S. 20 f.). Außerdem sei Lernen ein sozialer Vorgang, da der Wissenserwerb im Rahmen von Interaktionen stattfindet. „Lernen ist somit als Prozess zu sehen, der in einer bestimmten Lernkultur stattfindet, in der Wissensinhalte, aber auch Werthaltungen und Einstellungen - miteinander ausgehandelt werden" (Kopp; Zabel; Mandl 2002, S. 9 f.).

Das selbstgesteuerte Lernen ist ein Element der Unterrichtskultur. „Der Begriff Unterrichtskultur bezeichnet [...] die Art, in der Lehrer und Schüler mit einander umgehen" (Lenhardt 2007, S. 9). Die heutige Unterrichtskultur ist demokratisch geprägt und zielt auf die Bildung von gleichen und unabhängigen Bürgern ab, die bewusst und aktiv die Welt verändern können. Dazu gehört, dass Schülerinnen und Schüler die Inhalte des Curriculums nicht nur aufnehmen, sondern diese auch hinterfragen. Da das Schulleben den Normen der bürgerlichen Ordnung folgt, führte die Demokratisierung der gesellschaftlichen Ordnung zu einer Veränderung der Unterrichtskultur. Die „Schüler fügen sich heute nicht mehr Rang und Stand ihrer Eltern, sondern machen von der Schule nach Maßgabe des bürgerlichen Individuums gebrauch" (Lenhardt 2007, S. 12). Über Schul- und Berufsabschlüsse ist es nun möglich, einen Arbeitsplatz, Eigenverantwortung und Anerkennung zu erlangen (vgl. Lenhardt 2007, S. 11 f.).

Relevant ist in dieser Arbeit eine neue Unterrichtskultur, deren Grundlage über drei Jahrzehnte lernwissenschaftliche Forschung bildet, wozu unter anderem die Bereiche Kognitionspsychologie, Konstruktivismus und die neurobiologische Hirnforschung gehören. Eine neue Unterrichtskultur geht über methodische Erneuerungen hinaus und bezieht die „Gesamtheit aller Vorgänge, die mit dem Lehren und Lernen in der Schule zusammenhängen" (Gudjons 2006, S. 15) mit ein. Zu den Merkmalen der neuen Unterrichtskultur zählen neben dem selbstständigen, selbstorganisierten und selbstverantworteten Lernen beispielsweise die offenen Unterrichtsformen mit handlungsorientierten Unterrichtselementen, lebensnahes und kooperatives Lernen sowie das Herausbilden von arbeits- und lernmethodischer Kompetenz (vgl. Gudjons 2006, S. 9 f.).

Schulischer Unterricht sollte im Sinne des selbstgesteuerten Lernens die aktive und eigenständige Rolle der Schülerinnen und Schüler fördern. Selbstregulation beziehungsweise Selbstorganisation des Lernens bedeutet, dass die Lernziele und -inhalte von den Lernenden selbst gesetzt und dass die entsprechenden Strategien von ihnen selbst ausgewählt werden. Die Motivation wird so automatisch länger erhalten bleiben oder sogar in Form von intrinsischer Motivation permanent vorherrschen. Realistische und authentische Aufgaben und Themen, die von den Schülerinnen und Schüler nachvollzogen werden können und dennoch verschiedene Perspektiven berücksichtigen, sind hier empfehlenswert. Die Motivation zum Lernen soll also nicht nur durch Spaß, sondern eher durch das Lernen wollen beziehungsweise durch die Lust auf das Lernen aufrecht erhalten werden. Dadurch wird auch der angemessene Umgang mit Misserfolgen erzielt. Außerdem spielt die selbstständige Bewertung und Korrektur der Lernstrategie sowie der Einsatz von kooperativen Arbeitsformen eine wichtige Rolle. Die Leistungsbeurteilung sollte vor allem ergebnis- und prozessorientiert sein und von der konventionellen Bewertung durch beispielsweise Klassenarbeiten und Lernerfolgskontrollen abweichen. Daher bieten sich Portfolios, Selbstbeurteilungen oder Projektbenotungen an, welche die Entscheidungskraft der Beurteilungen auf die weitere Schullaufbahn abschwächen (vgl. Gudjons 2006, S. 16 f.).

Eine Konsequenz für die Unterrichtsplanung und das Unterrichtsgeschehen ist die Konzentration auf die Lernumgebung. Daraus folgt eine veränderte Rolle der Lehrperson, welche nun den Lernenden als begleitender und unterstützender Berater zur Seite steht. Allerdings ist das selbstgesteuerte Lernen nicht als komplette Selbstständigkeit der Lernenden zu verstehen. Es soll durchaus mit Anleitungen verbunden sein (vgl. Gudjons 2006, S. 17 f.). Das selbstgesteuerte Lernen bedeutet außerdem keineswegs den Ausschluss von Frontalunterricht, sondern dessen Aufwertung. Nach dem Verständnis der neuen Unterrichtskultur ist der frontale Unterricht jedoch eine Kombination verschiedener Lernformen und kein lehrerzentrierter Unterricht. Die Vernetzung und Anwendung von Wissen in selbstgesteuerten Lernprozessen sollten, wie die Hirnforschung bestätigt, das bloße Übermitteln von Informationen ersetzen (vgl. Gudjons 2006, S. 19 f.). Die neue Unterrichtskultur soll also ein ausgewogenes Verhältnis „zwischen direkter und indirekter Instruktion, zwischen lehrer- und schülergesteuertem Unterricht, zwischen kognitiven und affektiven Lernzielen, zwischen lerntheoretischen, kognitionspsychologischen und konstruktivistischen Prinzipen" (Helmke 2003, S. 14) herstellen.

Selbstgesteuertes Lernen stellt also hohe Anforderungen an die Schülerinnen und Schüler und muss erst von ihnen gelernt werden. Auf Anleitung und Unterstützung durch die Lehrperson kann nicht verzichtet werden. Laut Röbe müssen die komplexen Lernprozesse zunächst von der Lehrperson nachvollzogen werden, „um dann den Lehr- Lernprozess so zu strukturieren, dass beim Lernenden sachstrukturelle Klarheit geschaffen werden kann. [...] Angeleitete, geplante Lernsituationen stellen so die Voraussetzung für das Gelingen selbst gesteuerter Lernprozesse" (Röbe 1998, S. 30 f.).

4. Fazit

Der Kern des selbstgesteuerten Lernens im Rahmen der neurobiologisch-konstruktivistischen Lehr- und Lerntheorie besteht darin, dass Wissen nicht übertragbar ist, sondern im Gehirn geschaffen wird. Lernen ist ein aktiver Prozess der Bedeutungserzeugung (Kopp; Zabel; Mandl 2002, S. 9 f.). Durch selbstgesteuertes Lernen beeinflussbare Benachteiligung könnte also durch folgende Zusammenhänge ausgleichbar sein. Auf der Individuellen Ebene sind die Bildungsbiografie, persönliche Einstellungen, individuelle Zielbildung und -realisierung sowie die soziale Wahrnehmung anderer von Bedeutung. Motivationsfähigkeit, Kommunikationskompetenz sowie die emotionalen und kognitiven Zustände der Jugendlichen sind hier ebenfalls interessant. Indem die Schülerinnen und Schüler aktiv und eigenständig lernen, also Lernziele, Inhalte und Lösungsstrategien zu realistischen Aufgaben und Themen selbst wählen, hat dies Einfluss auf ihre persönliche Einstellung, ihre individuelle Zielbildung und -realisierung. Außerdem entsteht eine intrinsische Motivation, die ihre Lust am Lernen unabhängig vom Spaßfaktor weckt. Werden dem selbstgesteuerten Lernen entsprechend komplexe und multiperspektivische Probleme angeboten, würden die Schülerinnen und Schüler möglicherweise einen besseren Zugang zu deren Lösung finden und ihre erworbenen Kompetenzen auch außerhalb der Schule nutzen können. Dics beeinflusst sie sowohl emotional als auch hinsichtlich ihrer kognitiven Fähigkeiten. Eine ergebnis- und prozessorientierte

Leistungsbeurteilung könnte eventuell die Angst vor schlechter Bewertung und einem schlechten Schulabschluss in Grenzen halten, eine pessimistische Einstellung gegenüber den Zukunftschancen abschwächen und sich so auch durch das Unterbinden von unentschuldigtem Fehlen auf die Bildungsbiografie auswirken. Lernen als sozialer Vorgang wird hier mit Interaktion verknüpft, indem kooperative Lernformen Anwendung finden. Somit hat selbstgesteuertes Lernen möglicherweise Einfluss auf die Kommunikationskompetenz und die soziale Wahrnehmung anderer. Auf der sozial-ökonomischen Ebene könnte sich selbstgesteuertes Lernen durch kooperative Unterrichtsformen, wie Projektunterricht oder Gruppenarbeit, auf die Peer-Group auswirken. Benachteiligte Jugendliche finden häufig in Cliquen mit Mitgliedern, die unter ähnlichen Bedingungen aufwachsen und unter ähnlichen Benachteiligungsfaktoren leiden, zusammen (vgl. Hiller 2009, S. 6). Der Freundeskreis könnte durch solche Kontakte innerhalb der Lerngruppe unter Umständen vielfältiger werden. Den sozialen Status halte ich für Indirekt berührt, da sich diese Art des Lernens nicht auf das momentane Umfeld, sondern auf das zukünftige auswirken kann. Auf der strukturellen beziehungsweise globalgesellschaftlichen Ebene lässt sich eine Verbindung zur Bildungspolitik herstellen. Die neue Unterrichtskultur und damit auch das selbstgesteuerte Lernen sind als Lehr- und Lernform und Merkmal der Qualität des pädagogischen Personals Teil des gesamten Bildungswesens. Was die gesetzlichen Grundlagen angeht, sind das Menschenrecht auf Bildung und die geforderte Chancengleichheit in der Bildung zu nennen (vgl. Deutsches Institut für Menschenrechte 2005, S. 247). Diese Rechte könnten im Rahmen des selbstgesteuerten Lernens durch die gerade genannten Ausgleichsmöglichkeiten von Bildungsbenachteiligung eventuell angemessener umgesetzt werden.

Bisher konnte festgestellt werden, dass Benachteiligungsursachen vor allem auf der individuellen Ebene durch selbstgesteuertes Lernen beeinflusst werden können. Das Alter, Geschlecht sowie physische und psychische Lernbeeinträchtigungen sind hier jedoch auszuschließen. Besonders die sozial-ökonomische Ebene zeigt die Grenzen dieses Einflusses. Die familiäre Zusammensetzung, das soziale Unterstützungssystem, das geistige Anregungspotential, Kulturaustauschmöglichkeiten, Wohnlage und Ghettoisierung liegen ebenso wie Beruf beziehungsweise berufliche Abschlüsse und Einkommen der Familienmitglieder sowie die regionale Arbeitsmarktstruktur befinden sich nicht im Einflussbereich des Unterrichts.

Um den Anforderungen des selbstgesteuerten Lernens gerecht zu werden, müssen jedoch sowohl die Lernenden als auch die Lehrpersonen das selbstgesteuerte, lebenslange Lernen erlernen. (Helmke 2004, S. 67). Außerdem muss beachtet werden, dass diese neue Unterrichtskultur „einen grundlegenden Bewusstseinswandel der Lehrkräfte" (Gudjons 2006, S. 24) voraussetzt. Die Lehrperson muss die Verlagerung ihrer Funktion vom Beibringen zum Schaffen von Lernumgebungen, in denen die Schülerinnen und Schüler eigenverantwortliches Arbeiten lernen, akzeptieren. Dazu muss die Lehrersteuerung nach und nach herabgesetzt und der Handlungs- und Gestaltungsspielraum der Lernenden schrittweise ausgeweitet werden (vgl. Gudjons 2006, S. 24 f.).

5. Literaturverzeichnis

Bojanowski, A.; Eckardt, P.; Ratschinski, G.: Forschung in der Benachteiligten-förderung. Sondierungen in einer unübersichtlichen Landschaft. Zeitschrift für Berufs-und Wirtschaftspädagogik, 6, 2004.
URL: www.bwpat.de/ausgabe6/bojanowski_eckardt_ratschinski_bwpat6.pdf, [Stand 09.09.2013].

Bojanowski, A.; Ratschinski, G.; Straßer, P. (Hrsg.): Diesseits vom Abseits. Studien zur beruflichen Benachteiligtenförderung. Bertelsmann, Bielefeld 2005.

Breidebach, G.: Bildungsbenachteiligung. Warum die einen nicht können und die anderen nicht wollen. Studienreihe psychologische Forschungsergebnisse. Band 165, Verlag Dr. Kovač, Hamburg 2012.

Deutsches Institut für Menschenrechte: Die „General Comments" zu den VN-Menschenrechtsverträgen. Deutsche Übersetzung und Kurzeinführung. Nomos-Verlag, Baden-Baden 2005.

Duden 2013. Online-Version.
URL: http://www.duden.de/rechtschreibung/Benachteiligung, [Stand 09.09.2013].

Forneck, H.: Selbstgesteuertes Lernen und Modernisierungsimperative in der Erwachsenen- und Weiterbildung. In Zeitschrift für Pädagogik, 2/2002, S. 242 – 261.

Gudjons, H.: Neue Unterrichtskultur – veränderte Lehrerrolle. Verlag Julius Klinkhardt. Bad Heilbrunn 2006.

Helmke, A.: Unterrichtsqualität - erfassen, bewerten, verbessern. Kallmeyersche Verlagsbuchhandlung, Seelze 2003.

Hiller, G. G.: Mentoring in der Jugendberufshilfe. Zielgruppen – Konzepte – Standards – Risiken. In: Kommunalverband für Jugend und Soziales Baden-Württemberg Dezernat Jugend - Landesjugendamt (Hrsg.): Wege zum Mentoring in der Jugendberufshilfe – Empfehlungen und Anregungen für Fachkräfte und Träger. Stuttgart 2009, S. 6 - 21.

Kopp, B.; Zabel, M.; Mandl, H.: Dozentenleitfaden für die mediendidaktische Gestaltung virtueller Lernumgebungen an Hochschulen. Lehrstuhl für Empirische Pädagogik und Pädagogische Psychologie. Universität München 2002.

Lenhardt, G.: Modernisierung der Unterrichtskultur. Vom Mythos planbarer Förderung zur Bildung in Eigenverantwortlichkeit. In: Grimm, A. (Hrsg.): Besser Fördern. Konturen und Bedingungen einer gelingenden Lern- und Unterrichtskultur. Rehburg-Loccum 2007, S. 9 – 23.

Klafki, W.: Neue Studien zur Bildungstheorie und Didaktik. Zeitgemäße Allgemeinbildung und kritisch-konstruktive Didaktik. 5. Auflage, Beltz, Weinheim/Basel 1996.

Mathern, S.: Benachteiligte Jugendliche an der Schnittstelle zwischen Schule und Beruf. DJI Verlag. Frankfurt am Main 2003.

Pfeiffer, T.: Zum Menschenrecht auf Bildung. Zu Bildungsungleichheiten im deutschen Bildungssystem nach dem Bologna-Prozess 1999. avm-Verlag, München 2009.

Rahn, P.: Übergang zur Erwerbstätigkeit. Bewältigungsstrategien Jugendlicher in benachteiligten Lebenslagen. VS Verlag für Sozialwissenschaften, Wiesbaden 2005.

Röbe, H. J.: Vom Anspruch des Kindes auf selbstgesteuertes und angeleitetes Lernen. In: Freund, J.; Gruber, H.; Weidinger, W. (Hrsg.): Guter Unterricht – was ist das? Aspekte von Schulqualität. ÖBV, Wien 1998, S. 19 – 33.

Rützel, J.: Randgruppen in der beruflichen Bildung. In: Arnold, R.; Lipsmeier, A. (Hrsg.): Handbuch der Berufsbildung. Opladen 1995, S. 109-120.

Zinnecker, J. u.a.: null zoff & voll busy: Die erste Jugendgeneration des neuen Jahrhunderts. Opladen 2003.